Début d'une série de documents
en couleur

A LA MÉMOIRE

DE

PROSPER GIQUEL

†

1835-1886

ERNEST LEROUX

Éditeur

28, RUE BONAPARTE

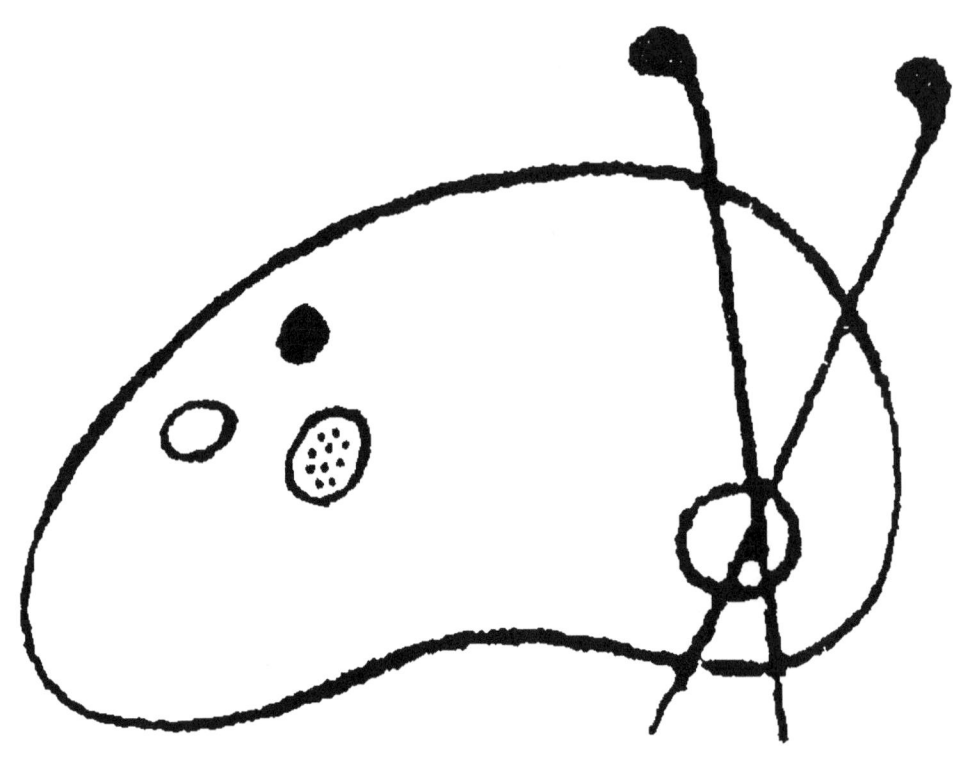

Fin d'une série de documents
en couleur

A LA MÉMOIRE

DE

PROSPER GIQUEL

Veuf de Madame Élisa de Rufz de Lavison

ANCIEN OFFICIER DE MARINE

DIRECTEUR DE LA MISSION CHINOISE EN EUROPE

OFFICIER DE LA LÉGION D'HONNEUR

1835 † 1886

†

A LA MÉMOIRE

D'UN EXCELLENT

ÉPOUX & PÈRE

DU MEILLEUR DES FRÈRES

ET DU PLUS FIDÈLE

DES AMIS

OBSÈQUES

Les obsèques de M. Prosper Giquel, ancien officier de Marine, Directeur de la Mission chinoise en Europe, officier de la Légion d'honneur, décédé à Cannes le 19 février 1886, ont été célébrées à Paris le 26 février, à midi, en l'église de la Madeleine.

Le corps du défunt, qui reposait depuis deux jours dans les caveaux de la Madeleine, a été transporté dans un magnifique catafalque recouvert de couronnes et de bouquets de fleurs.

A la levée du corps les honneurs militaires ont été rendus par un détachement du 74ᵉ de ligne.

Les cordons du poêle étaient tenus par MM. le Vice-Amiral Véron, sénateur; Lemaire, Ministre Plénipotentiaire; Edouard Brame, Inspecteur général des Ponts et Chaussées; le Marquis de Barthélemy; le Général Tcheng-Ki-Tong, et M. Martin le Roy, Conseiller à la Cour des Comptes.

Un maître des cérémonies portait, sur un coussin en velours noir, les nombreuses décorations du défunt, les médailles commémoratives de ses campagnes, et sa pelisse de mandarin en soie jaune impérial.

Le deuil était conduit par M. Émile Giquel, frère du défunt et M. Henri de Rufz de Lavison, son beau-frère.

Une grand'messe a été dite, pendant laquelle la maîtrise de la paroisse a exécuté des morceaux sacrés.

Parmi les nombreuses couronnes déposées sur le cercueil, on distinguait deux couronnes en violettes, camélias et lilas blanc; l'une, avec l'inscription « la Légation de Chine à Prosper Giquel », l'autre, avec l'inscription « la Mission d'Instruction Chinoise à son Directeur ».

Dans la nombreuse assistance, on remarquait le Ministre de Chine, avec tout le personnel de l'Ambassade; M. Mollard, Introducteur des Ambassadeurs, représentant le Ministre des Affaires Étrangères; un Aide-de-Camp du Ministre de la Marine représentant le Contre-Amiral Aube ; plusieurs représentants des puissances étrangères; des officiers de la Marine et un grand nombre de notabilités.

Après la cérémonie, le cortège s'est dirigé vers le cimetière de Neuilly, où a eu lieu l'inhumation dans un caveau de famille.

Plusieurs discours ont été prononcés sur la tombe.

Son Excellence Shu-King-Chen, ambassadeur de Chine, a prononcé en chinois le discours suivant :

本大臣得悉
貴軍門訃耗深為傷感溯念
貴軍門前在浙江助剿髮匪克復上虞縣城首立戰功嗣充福州船政監督辦理妥善船工告成蒙
朝廷賞穿黃馬褂頭等寶星正一品銜以酬勞績近年管理出洋肄業局務著有成效現在第三屆學生將次來洋正需料理不意赴鄉養疴遽致不起本大臣已報明中國想
國家亦必聞而惋惜也

許景澄

TRADUCTION

Le discours de Son Excellence Shu-King-Chen a été répété en français par M. Tching-Tchang, Secrétaire de la Légation de Chine à Paris :

C'est avec une profonde douleur que j'ai appris la mort de M. Giquel. Il est de mon devoir, comme représentant de la Chine et comme ami personnel, de venir lui rendre un dernier hommage, car il est des nôtres par les services qu'il a rendus à notre pays durant de longues années.

Venu en Chine pendant la rébellion des Taïpings, il a pris une part considérable à la guerre contre les insurgés, notamment lors de la reprise de Shang-Yü-Hsien, où il reconquit une des villes les plus importantes de la province du Tché-Kiang. Il serait superflu d'énumérer les combats qu'il livra et les victoires qu'il a remportées, je me bornerai à dire que sa brillante conduite lui attira l'admiration générale.

A l'arsenal de Fou-Tcheou, dont il était directeur, il entreprit de grands travaux pour la construction de navires de guerre, et le Gouvernement Impérial, pour reconnaître ses mérites, lui conféra la pelisse jaune et le titre de fonctionnaire de premier rang, avec la décoration de l'ordre du Mérite de 1re classe.

Nommé quelques années après directeur de la mission d'instruction, il a su former de jeunes élèves très capables et pleins d'avenir. La distinction avec laquelle il s'est acquitté de ses fonctions l'avait désigné pour être directeur d'une troisième mission, qui est sur le point de quitter la Chine; mais, hélas! nous ne pouvons plus attendre de nouveaux services de son dévouement.

Sa mort, si déplorée ici, ne le sera pas moins en Chine, quand mon gouvernement sera informé de cet événement regrettable par son représentant à Paris.

Après le Ministre de Chine, M. Dunoyer de Segonzac, ancien officier de Marine, sous-directeur de la Mission chinoise d'Instruction, a pris la parole :

DISCOURS

DE M. DUNOYER DE SEGONZAC

Messieurs,

C'est au nom des collaborateurs de Giquel que je viens dire adieu à celui qui fut notre Directeur aimé et respecté.

Associé intimement depuis près de vingt ans à ses efforts, j'ai pu voir quelles qualités éminentes étaient les siennes; qualités de l'homme et qualités du chef; elles expliquent à elles seules le succès de sa carrière si bien remplie.

Arrivé en Chine en 1857 comme aspirant de marine, Giquel se mit résolûment à l'étude d'une langue difficile pour nous, et qui l'était encore davantage à cette époque, par suite de l'absence presque complète de livres spéciaux et de méthodes.

Ses relations avec les hauts fonctionnaires de la province de Canton l'amenèrent à se demander quelle transformation attend, de nos jours, le Céleste Empire. Son intelligence pénétrante ne tarda pas à lui montrer que les peuples de l'Extrême Orient tendent à sortir de leur isolement, à secouer leur immobilité, et à s'agréger au faisceau de la grande famille humaine. Sa voie était tracée, son parti était pris, et depuis lors tous ses efforts tendirent à seconder ce mouvement.

Mais, à cette époque, la Chine était en proie à la rébellion des Taïpings, ses provinces étaient ravagées. Il importait de relever les finances qui étaient épuisées ; il fallait combattre les rebelles, qui compromettaient jusqu'à la sécurité des ports ouverts au commerce étranger. Giquel fut nommé Commissaire des douanes impériales à Ning-po, et plus tard à Hankeou.

Dans ces deux postes il sut se montrer, non-seulement administrateur éclairé, mais surtout homme d'action. Il organisa à Ning-po, un corps franco-chinois à la tête duquel, avec le concours de ses collègues de la guerre et de la marine, il chassa successivement les Taïpings des villes de Yu-yao, de Shang-yu, de Chao-Ching. En dix mois, le contingent franco-chinois, qui dans son plus fort développement comptait 2500 hommes, avait enlevé trois villes murées, amené l'évacuation de quatre autres et dégagé 60 lieues de territoire. C'est alors que les soins réclamés par une blessure reçue à l'assaut de Shang-yu l'obligèrent à revenir momentanément en France, tandis que son collègue poursuivait seul le cours de leurs succès communs, et après deux ans de campagne, dégageait la province du Tché-Kiang.

A la fin de 1864, le vice-roi Tso, qui avait vu Giquel à l'œuvre dans la campagne du Tché-Kiang, lui demanda un projet pour la création d'un arsenal maritime, projet qui fut sanctionné à la fin de 1866. Le fait de créer en Europe un arsenal militaire ne présente pas de difficultés exceptionnelles avec les ressources nombreuses qu'on y a sous la main ; mais faire surgir des ateliers considérables et puissants d'une rizière nue, dans un pays où la grande industrie est inconnue, avec des approvisionnements difficiles et des ouvriers inexpérimentés, c'est là une tâche d'une réalisation beaucoup plus laborieuse, et pour l'accomplissement de laquelle Giquel fit preuve, pendant sept années, d'une intelligence et d'une énergie peu communes. Rien ne le rebuta dans la tâche qu'il avait assumée, ni les difficultés matérielles, ni celles qui étaient le fait des hommes. Il s'était engagé à construire, dans une période relativement courte, 15 navires de guerre à vapeur de types variés, et dès la fin de 1873 il pouvait montrer aux Chinois qu'il avait su remplir sa promesse. C'est ce que le commissaire impérial Shên-pao-tchen se faisait un devoir de reconnaître dans le rapport qu'il adressait à cette époque à l'Empereur, et où il était dit : « M. Giquel « a créé, dirigé, et mené à bien toute l'entreprise « avec un zèle et un dévouement que mille diffi- « cultés n'ont pas découragés ; il s'est acquis des « titres extraordinaires à notre reconnaissance. »

Peu de temps après, lors du débarquement d'un corps d'armée Japonais à Formose, Giquel y accompagnait S. E. Shên et lui suggérait des mesures qui ne tardèrent pas à donner un dénouement pacifique à cet incident. En 1880, il se rendait à Saint-Pétersbourg, où des négociations allaient être engagées pour la solution des difficultés soulevées par le traité conclu à Livadia entre la Chine et la Russie; il eut encore la satisfaction de voir les pourparlers engagés par monsieur le marquis Tsêng, à propos de la question de Kouldja, aboutir à une solution honorable et pacifique.

C'est surtout sur les écoles que Giquel comptait pour l'œuvre de transformation qu'il avait entreprise. L'arsenal de Fou-Tcheou en compte de nombreuses, dans lesquelles on enseigne les langues européennes et les sciences; dès 1873 plus de 200 jeunes gens s'y étaient formés et devaient assurer le fonctionnement des ateliers. Pour compléter leur instruction, Giquel demanda qu'une partie de ces jeunes gens vinssent en Europe, et on les lui confia pour en faire des ingénieurs, des marins et des chefs de travaux. Les résultats obtenus ont encore montré qu'il avait raison, car aujourd'hui cet arsenal, créé par lui, fonctionne sous la direction exclusive de ses anciens élèves.

Lors des difficultés qui surgirent entre la France et la Chine, Giquel eût souhaité bien ardemment prévenir toute rupture entre sa patrie et un pays qu'il aimait, et lorsque vint la période des hostilités il s'employa de tous ses efforts à faire prévaloir la conciliation. Aussi salua-t-il avec satisfaction la conclusion du traité de Tientsin, quand cet acte diplomatique vint rétablir la bonne harmonie entre les deux nations. Il allait reprendre vis-à-vis de la

Chine le rôle qu'il a su si bien remplir, de nouveaux élèves allaient lui être confiés lorsqu'une mort cruelle est venue le séparer de nous à un âge où il pouvait encore être appelé à rendre des services éminents.

Que vous dirai-je encore de l'homme que nous perdons? Tous ceux qui l'ont approché savent qu'il était aimable, ceux qui l'ont connu davantage savent qu'il avait le cœur bon; son esprit délicat et sa conversation séduisante gagnaient tout le monde, et son plus grand souci était d'agir toujours avec droiture et honnêteté; aussi ses collaborateurs l'avaient-ils en profonde affection.

Un grand bonheur lui était échu le jour où il avait épousé mademoiselle de Lavison, chez qui il avait rencontré, avec une âme faite pour le comprendre, une grande distinction d'esprit et beaucoup de charme. Pourquoi a-t-il fallu que cette union si bien assortie, qui promettait de si beaux jours à notre ami, fut interrompue après une année de félicité par une mort qui vint briser son cœur? Longtemps après cette séparation déchirante, il me disait encore : « Il n'y a pas de jour, depuis deux ans, où je n'aie pleuré mon infortune ! ».

Puisse le souvenir que nous consacrons à sa mémoire et à celle de sa compagne consoler ceux qu'il laisse après lui, et qu'ils trouvent un adoucissement dans la part que nous prenons à leur affliction !

Le général Tcheng-ki-tong a ensuite pris la parole :

DISCOURS

DU GÉNÉRAL TCHENG-KI-TONG

Messieurs,

Au nom de tous mes camarades qui ont fait partie des missions d'instruction, je viens rendre à la mémoire de notre vénéré directeur Prosper Giquel l'hommage de la reconnaissance, exprimer les regrets profonds que nous cause sa mort prématurée.

Lui, si jeune encore d'âge et de dévouement ! Lui, l'enthousiasme même, toujours ardemment épris de sciences et de progrès ; passionné, comme seules les grandes âmes, pour tous les devoirs qui commencent par le courage, se continuent et s'achèvent par le travail opiniâtre ! Lui, le plus séduisant et le plus noblement ambitieux parmi tous les amis de notre pays ! Lui, que je quittais, il y a à peine quelques semaines, souriant malgré tout à l'espérance et fuyant presque gaiement l'hiver fatal pour rejoindre le soleil vivifiant !...

Ah ! je me souviens qu'il me disait au revoir et à bientôt ! il est mort, et toutes ces heureuses pensées du retour se sont voilées de deuil ainsi que des orphelines.

Il faut dire, avant que le caveau sombre reçoive ce vaillant, qu'il a été durant sa vie trop courte ce que peu d'hommes parviennent à devenir durant une vie longue ; à savoir : un méritant à force de volonté. Giquel, quoi que fasse l'ingratitude humaine, fera sa trouée dans la postérité ; et si jamais les contemporains se plaisent à inscrire sur des tablettes de quelque nouvel arc de triomphe les noms les plus dignes qui ont honoré la France moderne, il n'auront garde d'oublier celui de Prosper Giquel.

Ce qu'il a été pour chacun de nous, depuis le jour où il nous a adoptés, pour nous faire entrevoir de plus haut, par toutes les ressources que donnent les lettres et les arts, les perspectives enchantées de la paix et de la civilisation universelle, nul ne le saurait si cet homme de grand cœur pouvait se lever de sa tombe et imposer silence aux révélations indiscrètes de notre reconnaissance.

Mais les hommes de cette trempe sont rares en ce siècle. Pourquoi ne serait-il pas permis de rappeler les hautes vertus de celui que la mort injuste et maladroite frappe avant l'heure ? Et n'est-ce pas une sorte de consolation de saluer de tous ses titres d'honneur, au moment suprême du départ pour l'éternelle absence, l'homme au cœur toujours sûr, l'ami délicat, le fonctionnaire droit et prudent dont ce cercueil renferme les restes inanimés.

Ah ! si dans le monde espéré auquel il semble qu'il soit si logique et si nécessaire de croire quand la douleur est inexplicable et désillusionne la sagesse de nos prévisions, quelque grand-maître des cérémonies annonce en ce moment quel est ce nouveau venu, ne croyez-vous pas, messieurs, qu'il s'est fait dans le ciel une grande attention, et que les plus illustres de cette patrie idéale, à l'exemple de ce qui s'est vu sur la terre, sont venus à sa rencontre et lui ont fait escorte?

C'est que Giquel a eu le privilège de posséder la seule puissance morale, la seule passion qu'il soit peut-être indispensable de cultiver dans le temps où nous vivons, à l'exclusion de toutes les autres : il a eu l'amour de son pays !

Pour nous, qui sommes accoutumés à ne voir dans les Étrangers que des Étrangers, Giquel était devenu le Français ; il représentait sa douce patrie, la France, dans toute sa personne, qui était à la fois si délicate et si énergique ; dans sa physionomie si fine, si sérieusement bonne, si exacte ; dans toute cette vaillance d'esprit et de cœur, enfin, qu'il exprimait avec un tel charme qu'on devait s'estimer soi-même pour avoir eu le bonheur de lui plaire. Dans cette âme d'élite, il y avait un soldat et un artiste.

Durant sa maladie, sa pensée, nous disent ceux qui l'ont approché, se reportait sans cesse vers les nouveaux élèves confiés à ses soins, il se reprochait souvent l'inactivité où le retenait le mal implacable qui le rongeait. Quelques heures avant d'expirer, il concevait encore les plus riants projets d'avenir... Hélas ! toutes ces espérances se sont envolées avec son âme : l'homme est tombé, mais pour se relever dans le souvenir fidèle de ses disciples et dans l'exemple inaltérable qu'il a donné à tous : il n'est pas mort tout entier.

Dors en paix, cher vénéré ami, l'œuvre de ta vie trouvera ses admirateurs et ses continuateurs.

Autour de ta tombe sont réunis, associés dans la même douleur, tes amis et des compatriotes d'adoption qui consacrent à ta mémoire la même couronne. Puisse-t-elle être le gage de cette union pacifique à laquelle tu as toujours si ardemment travaillé, et qui a été la préoccupation constante de tes pensées, en même temps que l'espérance et le vœu de ton dernier soupir !

Dors en paix, ami : l'avenir grandira ton nom et lui assurera l'immortalité.

PRIEZ POUR LUI !

Paris — Imp V. Coupy et Jourdan 71, rue de Rennes.

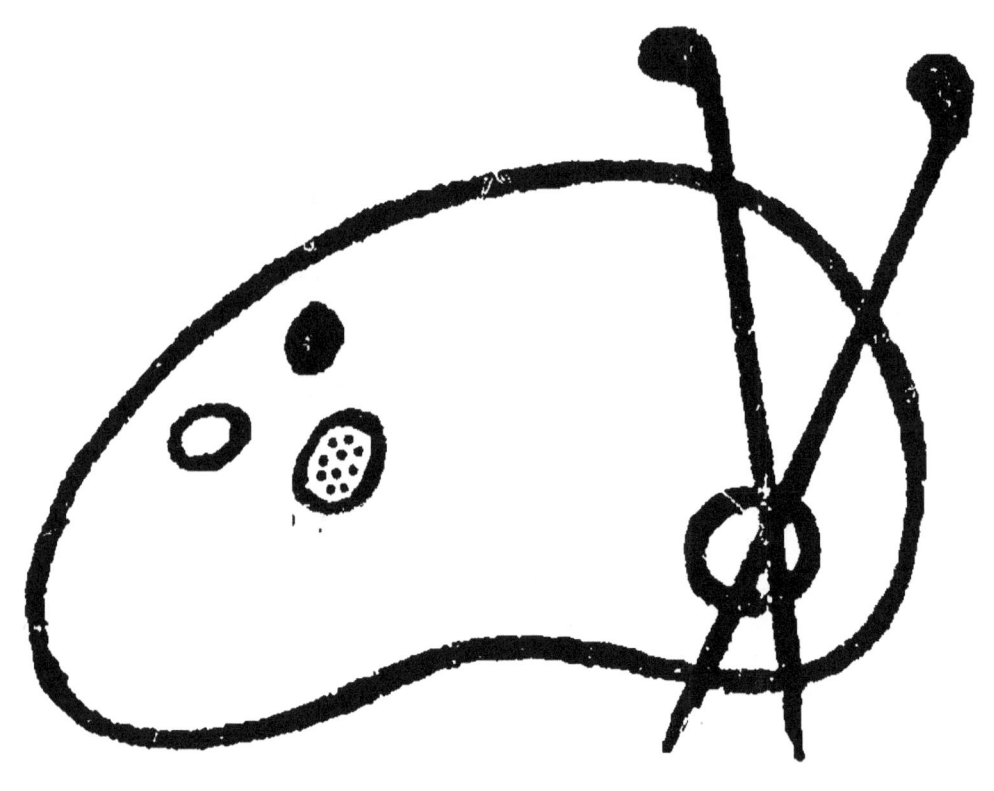

Original en couleur

NF Z 43-120-8

www.ingramcontent.com/pod-product-compliance
Lightning Source LLC
Chambersburg PA
CBHW071439060426
42450CB00009BA/2246